GW01606007

Penny Holmes
Susan Mallet

simply british

Photographies de Akiko Ida
Stylisme de John Bentham

• Marabout Côté Cuisine •

sommaire

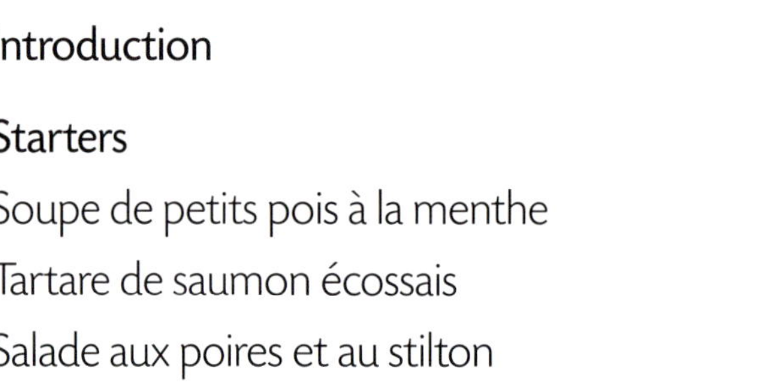

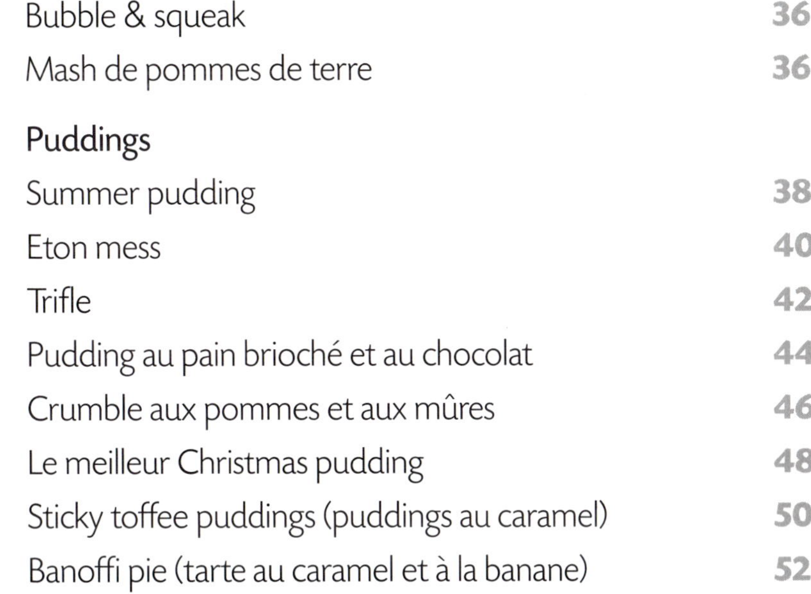

Puddings

Tea time

introduction

Une évolution dans la cuisine britannique

Les restaurants britanniques ne sont plus ce qu'ils étaient.

Sensibilisée par les émissions de cuisine omniprésentes à la télévision et par les voyages, l'opinion publique a incité les restaurants, les pubs et les cafés à évoluer en qualité et en présentation.

La cuisine de tous les pays, remarquablement diverse et qui a influencé la cuisine britannique, est aujourd'hui à la portée de tous.

Une cuisine traditionnelle revisitée au goût du jour

Jusqu'à ces dernières années, la base de la gastronomie était essentiellement ménagère. Les plats – rôtis du dimanche, pâtisseries pour l'heure du thé – étaient préparés à la maison et étaient parfois difficiles à réussir.

Et voilà que, grâce au matériel moderne, les grandes recettes traditionnelles refont leur apparition en version plus légère et plus intéressante.

Les recettes présentées dans ce livre doivent beaucoup à cette tradition de la cuisine maison.

Elles témoignent de sa richesse et de sa diversité.

Les merveilles locales

Partout, rayons et étals débordent de produits frais et saisonniers de première qualité.

Les chefs jouent de leur patrimoine culinaire en faisant appel à des merveilles locales – viandes, légumes, et fromages – qui ont toujours beaucoup compté dans la cuisine de tous les jours.

Les produits laitiers, bien sûr, tiennent aussi une place importante dans la cuisine britannique – les beurres salés du pays de Galles, la crème double de Jersey. Il existe également une grande variété de fromages régionaux – aussi nombreux qu'en France.

Afternoon tea

Le rituel de l'heure du thé est un moment qui se partage entre amis. La théière et les tasses – ou les mugs en porcelaine – sont toujours à portée de main.

Pour préparer un bon thé, faites bouillir de l'eau et versez-en une petite quantité dans la théière. Cette eau sert à réchauffer la théière pour mieux garder la fraîcheur des feuilles de thé. Puis videz-la.

Mettez tout de suite une cuillère par personne de feuilles du thé choisi dans la théière, plus « *one for the pot* ».

Faites rebouillir l'eau et, sans attendre, versez-la sur les feuilles de thé. Laissez infuser pendant 3 à 6 minutes, puis remuez-le et versez-le à travers un passe-thé dans des tasses, de préférence en porcelaine.

L'habitude est de boire le thé avec du lait ; dans ce cas, le lait frais se met dans la tasse avant d'y verser le thé.

Tea time

La tasse de thé s'accompagne d'un petit sandwich au concombre, d'un biscuit, d'une tranche de gâteau, d'un shortbread ou, bien sûr, d'un scone.

Soupe de petits pois à la menthe

Il existe, en Grande-Bretagne, de nombreuses façons de préparer cette soupe ; l'une est surnommée « the London particular » car elle est aussi épaisse que le brouillard londonien l'était autrefois ! La version présentée ici se sert fraîche ou chaude, avec un scone salé.

Pour 6 personnes

650 g de petits pois surgelés

2 oignons hachés menu

1 grosse pomme épluchée et coupée en dés

50 g de beurre

1 c. à s. de menthe grossièrement hachée

75 cl de bouillon de volaille

25 cl de crème fraîche

50 g de lardons fumés

Sel, poivre

Dans une grande casserole, faites revenir 2 minutes les oignons et les dés de pomme dans le beurre à feu doux. Ajoutez la menthe, salez et poivrez, puis versez le bouillon de volaille et faites bouillir 5 minutes.

Ajoutez ensuite les petits pois, reportez à ébullition et faites frémir 3 minutes – ils doivent devenir tendres sans perdre leur couleur.

Ajoutez la crème fraîche et fouettez l'ensemble. Réduisez la préparation en purée, au mixer. Vérifiez l'assaisonnement.

Servez la soupe chaude, garnie de lardons cuits à la poêle. Vous pouvez ajouter quelques petits pois dans les bols.

Version d'été

Une fois la soupe devenue liquide, passez-la au tamis et laissez refroidir. Servez-la fraîche, décorée avec des feuilles de menthe ciselées.

Cette soupe est très jolie présentée dans un verre ou dans un bol en verre.

Tartare de saumon écossais

Rien de tel que le saumon écossais ! Voici une merveilleuse recette, qui allie le goût exquis du saumon fumé à celui du saumon frais.

Pour 6 personnes

300 g de filets de saumon écossais frais, sans la peau

150 g de saumon fumé écossais

1 échalote finement hachée

Le jus de 1 citron

Le zeste de 1/2 citron finement râpé

1 pincée de poivre de Cayenne

Quelques gouttes de sauce Worcester

Sel, poivre du moulin

Pour le service

Quelques feuilles de salade ou 12 blinis cocktail

Huile d'olive

Vinaigre balsamique

125 g de crème fraîche

50 g d'œufs de lump

Coupez les filets de saumon frais et le saumon fumé en petits dés, à l'aide d'un couteau bien aiguisé. Mettez-les dans un saladier et ajoutez tous les autres ingrédients. Mélangez bien et réservez au frais 2 à 3 heures.

Présentez le tartare individuellement sur les feuilles de salade assaisonnées d'huile d'olive et de vinaigre balsamique, ou bien sur des blinis réchauffés, sur une petite couche de crème fraîche. Garnissez chaque pièce avec quelques œufs de lump.

Salade aux poires et au stilton

Cette salade propose la combinaison traditionnelle de poires et de fromage de Stilton. Ce fromage bleu crémeux, introduit il y a 200 ans dans le village de Stilton (comté de Leicestershire), est, depuis, le roi des fromages britanniques.

Pour 6 personnes

2 poires

225 g de stilton

2 branches de céleri coupées en petits morceaux

6 cerneaux de noix grossièrement hachés

Un assortiment de feuilles de salade

Quelques branches de cerfeuil

Vinaigrette

1 c à s. de vinaigre de vin blanc

3 c. à s. d'huile d'olive

1/2 c. à c. de sucre en poudre

2 c. à s. de ciboulette finement hachée

Sel, poivre

Préparez la vinaigrette dans un bol.

Présentez le céleri, le stilton grossièrement émietté et les noix hachées sur les feuilles de salade, dans des assiettes.

Épluchez les poires et coupez-les en 8 dans le sens de la longueur. Disposez-les dans les assiettes.

Assaisonnez de vinaigrette, décorez avec le cerfeuil et servez immédiatement, avant que les poires ne s'oxydent et ne noircissent.

Variante

Vous pouvez remplacer le stilton par un autre fromage bleu, au goût peu prononcé.

Fish pie

Ce plat réconfortant réunit toutes sortes de poissons cuits dans une délicate sauce blanche et recouverts d'un mash léger de poireaux et de pommes de terre.

Pour 6 personnes

800 g de poissons (saumon frais, cabillaud et haddock fumé)

25 cl de lait entier

30 g de farine

30 g de beurre

12 cl de crème fraîche

5 cl de vin blanc

2 c. à s. de persil haché

Mash aux poireaux

Mash (*cf.* recette de base p. 36)

2 poireaux découpés en fines rondelles

10 g de beurre + noix de beurre

Sel, poivre

plat à gratin

Faites tremper le haddock fumé 1 heure dans un saladier rempli d'eau froide, afin de le dessaler. Enlevez la peau et les arêtes des poissons et coupez-les en dés de 2 cm environ.

Préchauffez le four à 180 °C (th. 6).

Mettez le lait, la farine et le beurre dans une casserole et faites chauffer à feu moyen. Fouettez constamment et portez doucement à ébullition afin d'obtenir une sauce épaisse. Baissez le feu. Laissez mijoter à feu doux 3 minutes.

Retirez la casserole du feu et ajoutez la crème fraîche et le vin blanc. Salez, poivrez et laissez refroidir.

Incorporez progressivement à la sauce refroidie les morceaux de poissons crus, et mettez le tout dans un plat allant au four. Réservez.

Préparez le mash comme indiqué p. 36. Dans une poêle, faites fondre le beurre et faites revenir les poireaux 10 minutes. Incorporez-les au mash.

Recouvrez le mélange de poissons avec le mash et parsemez de noix de beurre. Enfournez le pie pendant 40 minutes environ. Il doit être bien doré.

Servez avec des petits pois.

Cod welsh rabbit (gratin de cabillaud au cheddar)

Le welsh rabbit est traditionnellement servi sur un toast, à la fin du repas, dans les « gentlemen's clubs ». Pourquoi ne pas essayer ? Avec du cabillaud, il est aussi excellent servi sur un lit d'épinards et accompagné de tomates-cerises rôties.

Pour 4 personnes

6 X 150 g de filets de cabillaud coupés en 2

225 g de fromage de cheddar râpé

2 œufs légèrement battus

1/2 c. à c. de moutarde

Quelques gouttes de sauce Worcester

Sel, poivre

plaque de cuisson

Mélangez tous les ingrédients dans le bol d'un robot – ou à l'aide d'une cuillère en bois – jusqu'à l'obtention d'une pâte homogène. Réservez 2 heures au frais.

Préchauffez le gril.

Placez le poisson, salé et poivré, sur une plaque de cuisson beurrée.

Partagez la pâte en 12 portions ; étalez-les jusqu'à ce qu'elles aient une épaisseur de 2 à 3 mm et posez-les sur le poisson.

Mettez la plaque sous le gril et faites cuire 5 minutes environ. La pâte doit gonfler et dorer et le poisson doit être tout juste ferme.

Kedgeree (pilaf de poisson)

Ce plat épicé hindou a été découvert en Inde par les Britanniques à l'époque du Raj. Il était alors servi au petit déjeuner. Si le poisson et le riz ne sont pas votre « tasse de thé » si tôt le matin, servez ce plat pour un souper !

Pour 6 personnes

500 g de filets de haddock fumé (la queue de préférence)

325 g de riz basmati

6 œufs de caille ou 3 œufs de poule

4 c. à s. de persil haché + quelques brins pour le service

75 cl de bouillon de volaille

1 oignon haché

1 c. à c. de curry

1 feuille de laurier

1 c. à s. d'huile d'olive

1 c. à c. de sel

Poivre noir

Faites tremper le haddock 1 heure dans un saladier rempli d'eau froide, afin de le dessaler.

Plongez le haddock dans une casserole remplie d'eau. Ajoutez la feuille de laurier et du poivre noir (pas de sel !). Portez à ébullition et faites frémir pendant 10 minutes. Le haddock doit être ferme et cuit. Retirez-le de la casserole avec une écumoire. Réservez.

Dans une casserole, faites revenir 1 minute l'oignon haché dans l'huile d'olive, puis ajoutez la poudre de curry, le riz et le sel. Versez le bouillon en remuant. Portez à ébullition, puis réduisez le feu et couvrez. Laissez frémir 10 minutes environ, jusqu'à ce que le riz ait absorbé tout le liquide.

Faites bouillir les œufs de caille dans une autre casserole 3 à 4 minutes (8 à 10 minutes pour les œufs de poule). Plongez-les ensuite dans de l'eau froide et écaillez-les.

Effeuillez le haddock en gros morceaux et mélangez-le délicatement au riz, avec la moitié du persil.

Coupez les œufs en 2 et disposez-les sur le riz. Parsemez le reste de persil.

Variante

On sert traditionnellement des œufs durs avec ce plat, mais vous pouvez aussi l'accompagner d'œufs pochés.

TOAST & MARMALADE · KEDGEREE ·

Fish & chips

Les Britanniques sont réputés pour leur « fish'n chips », un des premiers plats à emporter. Né au nord de l'Angleterre au XIXe siècle, il est rapidement devenu populaire dans le reste de la Grande-Bretagne.

Pour 6 personnes

6 X 150 g de filets de cabillaud ou de haddock

1,250 kg de pommes de terre

Huile végétale

150 g de farine pour la pâte + 75 g pour fariner le poisson

3 blancs d'œufs

400 ml de bière blonde

1 pincée de sel

Épluchez les pommes de terre et coupez-les en frites de 1 cm d'épaisseur. Lavez-les, rincez-les et séchez-les avec du papier absorbant. Faites chauffer à nouveau l'huile dans une friteuse ou dans une casserole à fond épais et faites précuire les frites dans l'huile un court instant : elles doivent être molles mais pas colorées. Retirez-les et réservez-les.

Dans un saladier, versez la farine. Ajoutez la bière en fouettant jusqu'à l'obtention d'un mélange lisse. Dans un autre bol, battez les blancs d'œufs en neige après avoir ajouté 1 pincée de sel, puis incorporez-les délicatement dans la pâte.

Retirez les arêtes des filets de poisson avec une pince à épiler. Passez les filets dans la farine.

Faites chauffer 10 cm d'huile dans une friteuse ou dans une casserole à fond épais. Vérifiez que l'huile est assez chaude en y plongeant une goutte de pâte pendant 30 secondes. Enrobez légèrement de pâte chaque filet de poisson et plongez-les dans l'huile, chacun leur tour, 5 minutes – faites-les bien dorer. Égouttez-les sur du papier absorbant et gardez-les au chaud.

Au moment de servir, chauffez l'huile et faites frire les frites, une poignée à la fois, jusqu'à ce qu'elles soient dorées et croustillantes. Égouttez-les sur un papier absorbant et servez.

www.pompeyfc.co.uk
PURE FOOTBALL IN THEGAME

Cottage pie (hachis de bœuf)

Ce plat traditionnel, complet et facile à réaliser, plaira à tout le monde, la famille comme les amis.

Pour 6 personnes

1 kg de viande de bœuf hachée

2 carottes coupées en morceaux de 1 cm environ

2 oignons hachés

2 c. à s. d'huile végétale

30 g de farine

50 cl de bouillon de bœuf

1 c. à s. de purée de tomates

1 c. à s. de sauce Worcester

1 c. à c. de thym haché

Mash (voir recette de base p. 36)

10 g de beurre

Sel, poivre fraîchement moulu

plat à gratin

Préchauffez le four à 200 °C (th. 6/7).

Faites chauffer 1 cuillère à soupe d'huile dans une casserole à fond épais et faites revenir les oignons à feu doux. Ajoutez les carottes, remuez et faites cuire 3 minutes. Retirez-les de la casserole avec une écumoire et réservez.

Mettez le reste d'huile dans la casserole. Lorsque l'huile est chaude, faites revenir la viande jusqu'à ce qu'elle soit dorée. Divisez-la en petits morceaux à l'aide d'une fourchette.

Remettez les légumes dans la casserole et versez la farine. Mélangez bien et ajoutez le reste des ingrédients, tout en remuant. Portez à ébullition, baissez le feu et laissez frémir 45 minutes environ, en remuant de temps en temps afin d'éviter que la viande ne colle au fond de la casserole.

Transvasez le tout dans un plat allant au four et laissez refroidir.

Préparez le mash comme indiqué p. 36 et recouvrez-en la viande. Tracez des lignes sur la surface avec la pointe d'une fourchette et parsemez de noix de beurre.

Faites cuire au four pendant 40 minutes – le dessus doit être bien doré.

Variante

Vous pouvez préparer une autre version de ce plat appelée « shepherd's pie », en remplaçant la viande de bœuf par de la viande d'agneau hachée.

Irish stew

Il existe maintes versions de ce plat national irlandais. À l'origine, l'irish stew était un plat bon marché : on servait des morceaux de mouton cuits longuement dans la cheminée. Aujourd'hui, on sert une épaule d'agneau savoureuse et tendre. Régalez-vous !

Pour 6 personnes

1,5 à 2 kg d'épaule d'agneau sans gras, coupée en cubes de 2 cm environ

3 poireaux découpés en rondelles

2 carottes découpées en rondelles

1 oignon haché

1 gousse d'ail écrasée

2 c. à s. d'huile végétale

1 l de bouillon de bœuf

1 c. à s. de purée de tomates

1 c. à c. de romarin

2 c. à s. de persil haché

100 g d'orge perle (ou 1 boîte de flageolets)

Sel, poivre fraîchement moulu

faitout

Préchauffez le four à 150 °C (th. 5).

Faites chauffer la moitié de l'huile dans une casserole à fond épais, et faites revenir l'oignon, les poireaux, les carottes, l'ail, le sel et le poivre pendant 5 minutes. Retirez-les de la casserole.

Faites chauffer le reste de l'huile dans un faitout et faites revenir la viande jusqu'à ce qu'elle soit dorée. Ajoutez alors les légumes, le bouillon, la purée de tomates et le romarin. Portez à ébullition, couvrez et enfournez 1 heure environ.

Sortez le faitout du four et dégraissez le plat. Ajoutez la moitié du persil finement haché, l'orge perle ou les flageolets et remettez au four 1 heure. (Si vous utilisez des flageolets en boîte, égouttez-les, rincez-les et ajoutez-les à la viande juste avant la fin de la cuisson.)

Sortez le faitout du four et dégraissez à nouveau. Vérifiez l'assaisonnement. Parsemez du reste de persil. Servez avec du mash (voir recette p. 36).

Roast beef & roast potatoes

Les Britanniques ont toujours eu la réputation de bien savoir préparer le rosbif. Accompagné de la sauce « gravy » (faite avec le jus de viande et le bouillon des légumes) et de pommes de terre rôties croustillantes, ce plat est idéal pour le déjeuner du dimanche.

Pour 6 personnes

1,5 kg d'entrecôte

9 pommes de terre bintjes de taille moyenne, épluchées et coupées en 2

50 g de graisse de bœuf (ou du beurre) et de l'huile végétale

Sauce « gravy »

1 c. à s. de farine

25 cl de bouillon de légumes (ou utilisez l'eau de cuisson des légumes)

Sel, poivre

2 plats à gratin

Préchauffez le four à 220 °C (th. 7/8). Placez-y un grand plat 5 minutes, avec une noix de graisse de bœuf ou de l'huile. Poivrez le bœuf. Faites-le rôtir 15 minutes dans le plat préchauffé en le retournant à mi-temps. Réduisez ensuite la température à 180 °C (th. 6) et continuez la cuisson en arrosant régulièrement la viande de son jus de cuisson. Prévoyez au total 25 minutes de cuisson par kilo.

Épluchez les pommes de terre, coupez-les en 2 et faites-les cuire dans de l'eau bouillante salée pendant 5 minutes. Égouttez-les et secouez-les dans la passoire afin d'écraser quelque peu les angles. Les aspérités obtenues donneront un goût croustillant aux pommes de terre rôties. Faites chauffer la graisse de bœuf au four, dans un autre plat à rôtir, 5 minutes. Placez-y les pommes de terre et remuez-les pour les couvrir de graisse. Assaisonnez légèrement. Faites rôtir les pommes de terre 1 heure en les retournant de temps en temps pour qu'elles soient croustillantes et dorées. Vous pouvez les cuire au four en même temps que la viande. Réservez la viande au chaud, sur une grande assiette, et laissez reposer pendant que vous préparez la sauce « gravy » : dégraissez le jus restant dans le plat et mélangez-le avec la farine, dans une petite casserole. Faites cuire le mélange 2 minutes, en remuant sans cesse avec un fouet. Puis ajoutez le bouillon de légumes, toujours en remuant, afin d'obtenir un « gravy » liquide et savoureux. Salez et poivrez, et versez dans une saucière préchauffée.

Suggestion

Ce plat est délicieux accompagné de yorkshire pudding (voir p. 26).

Yorkshire pudding

On mange traditionnellement au déjeuner du dimanche, en Grande-Bretagne, du roast beef (p. 24), accompagné de Yorkshire pudding, sans oublier la sauce au raifort.

Pour 6 personnes

2 œufs

150 g de farine

1 pincée de sel

1/4 l de lait entier

Graisse du rôti de bœuf pour le goût (ou huile végétale)

12 petits moules

Préchauffez le four à 220 °C (th. 7/8).

Mélangez tous les ingrédients avec un mixer ou au fouet jusqu'à l'obtention d'une pâte lisse.

Mettez au four 5 minutes les 12 petits moules individuels avec, au fond de chacun, une petite noix de graisse du rôti de bœuf.

Répartissez la pâte dans les moules et faites cuire 15 à 20 minutes pour obtenir des petits puddings bien dorés et tout gonflés.

Servez avec le roast beef.

Carré de porc aux abricots secs et aux pruneaux

Cette préparation offre un mélange heureux de viande et de fruits secs. Le carré de porc cuit dans le cidre permet d'obtenir un « gravy » légèrement sucré.

Pour 6 personnes

1,5 kg de rôti de porc désossé

150 g d'abricots secs

100 g de pruneaux dénoyautés

1 gousse d'ail

1 c. à s. de thym sec

100 g de beurre ramolli

30 cl de cidre

Sel, poivre fraîchement moulu

plat à gratin

Préchauffez le four à 180 °C (th. 6).

Pratiquez un trou au milieu du rôti et placez-y les fruits secs, en alternant les abricots et les pruneaux.

Avec un couteau bien aiguisé, faites des petites incisions sur le dessus du rôti et placez-y l'ail émincé. Frottez le rôti avec du sel, du poivre et du thym et étalez le beurre.
Mettez la viande dans un plat à rôtir et arrosez-la du cidre.

Enfournez pendant 1 heure 30 minutes en arrosant souvent la viande avec le jus de cuisson. Lorsque la viande est cuite, retirez-la du four et laissez reposer 10 minutes sous du papier d'aluminium.

Servez le porc découpé en fines tranches avec le jus de viande et le bubble & squeak (voir recette p. 36).

Steak & kidney pie

Voici une version simplifiée de cette bonne vieille recette : le gâteau salé à base de farine et de graisse de rognon a été remplacé par une pâte feuilletée. Le steak & kidney pie est un plat idéal pour réchauffer une longue soirée d'hiver…

Pour 6 personnes

750 g de bœuf à braiser (gîte ou paleron) coupé en cubes de 2 cm

250 g de rognons d'agneau dégraissés et coupés en cubes de 2 cm

2 oignons finement hachés

2 c. à s. de farine

1,5 l de bouillon de viande

2 c. à s. + 1 c. à c. de graisse de bœuf ou d'huile de tournesol

1 c. à s. de persil haché

1 rouleau de pâte feuilletée

1 œuf

Sel, poivre fraîchement moulu

Préchauffez le four à 150 °C (th. 5).

Faites revenir les oignons dans 1 cuillère à café de graisse de bœuf ou d'huile dans une grande casserole, puis retirez-les et réservez.

Assaisonnez la farine et mettez-la dans un sac plastique alimentaire. Mettez-y les morceaux de viande (bœuf et agneau) et secouez bien, afin d'enrober la viande de farine.

Faites fondre la graisse de bœuf dans la casserole. Lorsqu'elle est très chaude, faites-y revenir la viande jusqu'à ce qu'elle obtienne une belle couleur. Ajoutez alors les oignons et le persil et recouvrez de bouillon. Salez et poivrez et portez à ébullition.

Couvrez la casserole et placez-la au four pendant 2 heures. N'hésitez pas à ajoutez du bouillon si le mélange devient trop sec. Le « gravy » sera savoureux grâce au jus des rognons.

Sortez la casserole du four. Versez son contenu dans un plat à gratin et laissez refroidir.

Recouvrez le plat de la pâte feuilletée. Faites une cheminée au milieu pour laisser la vapeur s'échapper. Battez l'œuf et, à l'aide d'un pinceau, badigeonnez-en la pâte.

Préchauffez le four à 200 °C (th. 6/7) et laissez cuire le pie 30 minutes environ, jusqu'à ce qu'il soit bien doré. Servez avec du chou braisé.

Colman's
Mustard

Coronation chicken

Cette salade de poulet au petit goût relevé de curry fut inventée pour le couronnement de la reine Elizabeth II, en 1953. Ce plat est particulièrement apprécié en Angleterre à l'heure du déjeuner, par une belle journée d'été.

Pour 6 personnes

6 blancs de poulet

12 cl de bouillon de volaille

2 c. à s. de miel liquide

3 c. à c. de curry

4 c. à s. de chutney de mangue

4 c. à s. de mayonnaise

6 c. à s. de crème fraîche

2 c. à s. d'amandes grillées et effilées

300 g de raisins verts

Faites pocher les blancs de poulet dans le bouillon de volaille, lorsqu'il est frémissant. Couvrez et faites cuire 15 minutes.

Faites fondre le miel dans une casserole. Ajoutez la poudre de curry et le chutney. Faites cuire à feu doux 5 minutes. Retirez du feu et laissez refroidir.

Mélangez la mayonnaise et la crème fraîche et ajoutez-les au mélange précédent, une fois refroidi.

Coupez les blancs de poulet en fines lamelles et mettez-les dans un plat ; ajoutez le mélange et les raisins coupés en 2 (réservez-en quelques-uns pour le service), les pépins ôtés.

Parsemez d'amandes et décorez avec quelques raisins.

Suggestion

Servez avec une salade verte et du pain de campagne.

Poulet tikka masala

Ce plat d'origine indienne est devenu le préféré des Britanniques ! Ces derniers l'ont adapté en y ajoutant une sauce au curry à base de tomates. La liste des épices peut vous paraître longue, mais ne vous découragez pas : le plat en vaut la chandelle.

Pour 6 personnes

6 blancs de poulet coupés en morceaux de 2 cm

6 c. à s. de pâte tandoori

3 c. à s. de yaourt nature

3 c. à s. d'huile végétale

1 bâton de cannelle

8 graines de cardamome

1 gros oignon finement haché

4 c. à c. de gingembre frais épluché et râpé

2 gousses d'ail écrasées

2 c. à c. de cumin moulu

2 c. à c. de graines de coriandre écrasées

1 c. à c. de curcuma

1/2 c. à c. de piment de Cayenne

200 g de tomates pelées

20 cl de bouillon de volaille

2 c. à c. de garam masala

Le jus de 1/2 citron

Faites mariner le poulet dans la pâte tandoori mélangée avec le yaourt pendant 2 heures minimum, au réfrigérateur (c'est encore mieux si vous laissez mariner 12 heures). Remuez de temps en temps.

Faites chauffer l'huile dans une casserole. Ajoutez la cannelle, les graines de cardamome et l'oignon. Faites revenir 5 minutes puis ajoutez le gingembre, l'ail, le cumin, la coriandre, le curcuma et le piment de Cayenne ; laissez cuire les épices 1 minute et ajoutez le poulet avec la marinade. Faites revenir le tout 3 à 4 minutes et ajoutez les tomates coupées en morceaux, le bouillon, le garam masala et le jus de citron. Remuez et faites cuire à feu très doux 20 minutes. Retirez le bâton de cannelle à la fin de la cuisson.

Servez le curry avec du riz basmati ou du pain naan, et une salade verte.

Suggestion

Sachez que ce plat est encore meilleur réchauffé le lendemain.

Bubble & squeak

Ce plat utilise traditionnellement les restes de légumes verts mais vous pouvez, bien sûr, en utiliser des frais. C'est un accompagnement idéal pour le porc aux fruits (p. 28) ou servi avec un œuf au plat. Le nom vient du bruit que font les légumes en cuisant dans la friture.

Pour 6 personnes

6 pommes de terre bintjes, de taille moyenne

2 oignons hachés

200 g de chou vert, déjà cuit et émincé

50 g de beurre

1 c. à s. d'huile d'olive

Farine

Sel, poivre fraîchement moulu

Faites bouillir les pommes de terre, épluchées et coupées en 4, dans de l'eau salée 20 minutes environ. Pendant ce temps, faites revenir les oignons dans le beurre et l'huile.

Égouttez et écrasez les pommes de terre ; ajoutez un bon morceau de beurre, les oignons et le chou. Salez, poivrez et laissez refroidir.

Avec vos mains légèrement farinées, formez 12 petits pâtés. Dans une poêle huilée, faites-les cuire 4 minutes de chaque côté – ils doivent être bien croustillants.

Servez ces petits pâtés avec un rôti de porc ou avec de la viande froide et du chutney.

Mash de pommes de terre

Pour 6 personnes

6 pommes de terre bintjes

15 cl de lait entier

50 g de beurre

Sel, poivre

Faites bouillir les pommes de terre, épluchées et coupées en 4, dans de l'eau salée 20 minutes environ. Égouttez-les.

Remettez les pommes de terre dans la casserole, sur feu très doux pendant quelques secondes, pour bien les faire sécher.

Puis écrasez-les avec un moulin à légumes. Ajoutez le lait et le beurre préchauffés. Tournez avec une cuillère en bois afin d'obtenir un mélange crémeux. Salez et poivrez.

Summer pudding

Un grand classique qui utilise les fruits rouges de l'été. Pour avoir un pudding bien coloré, utilisez toute une gamme de baies différentes. Cette version de pudding d'été est particulièrement légère et fraîche.

Pour 6 personnes

400 g de pain brioché

1/2 l de coulis de cassis

250 g de fraises équeutées

75 g de mûres

75 g de myrtilles

1 c. à s. de sucre en poudre

125 g de framboises pour le service

Quelques feuilles de menthe pour le service

20 cl de crème fraîche (ou de la glace à la vanille)

6 ramequins ou moules individuels

papier sulfurisé

Préparez les fruits : coupez les fraises en rondelles, les mûres et les myrtilles en 2. Saupoudrez-les de sucre.

Placez un rond de papier sulfurisé au fond de chaque ramequin.

Retirez la croûte de la brioche et coupez-la en tranches de 1 cm. Découpez 18 ronds, du même diamètre que vos ramequins, dans les tranches de brioche.

Trempez délicatement une rondelle de brioche dans le coulis de cassis ; la brioche doit être légèrement imbibée. Placez ensuite la rondelle au fond du ramequin. Déposez dessus une couche de fruits, versez 1 cuillère à soupe de coulis et recouvrez avec une autre tranche de brioche trempée dans le coulis. Continuez ainsi en alternant tranche de brioche et couche de fruits, jusqu'à ce que vous ayez 3 couches de brioche et 2 couches de fruits. Pressez légèrement.

Réservez au frais toute une nuit.

Au moment de servir, renversez le contenu des ramequins sur des assiettes. Décorez avec des framboises, quelques gouttes de coulis de cassis et une feuille de menthe. Servez avec la crème fraîche ou de la glace à la vanille.

125
125 ML

Eton mess

Ce dessert estival, facile à réaliser, vient du collège d'Eton, la plus célèbre des « Public Schools » britanniques. Il est toujours servi aux pique-niques familiaux organisés à l'occasion de la remise des prix de fin d'année.

Pour 6 personnes

75 cl de crème fleurette

300 g de fraises équeutées

2 c. à s. de sucre en poudre

225 g de meringues

Quelques feuilles de menthe

6 coupes

Préparez un coulis en écrasant la moitié des fraises avec 1 cuillère à soupe de sucre.

Montez la crème fleurette en chantilly avec 1 cuillère à soupe de sucre.

Coupez en tranches les fraises restantes. Mettez-en quelques-unes de côté pour la décoration.

Cassez les meringues en petits morceaux et incorporez-les délicatement dans la crème chantilly, avec les fraises et les trois quarts du coulis. Ne mélangez pas trop. La crème doit être joliment marbrée.

Servez ce dessert frais, dans des coupes en verre, avec les fraises mises de côté pour la décoration et le quart restant de coulis. Décorez d'une feuille de menthe.

Trifle

Longtemps, les familles anglaises se sont chamaillées pour savoir quelle grand-mère faisait le meilleur trifle – un dessert alternant couches de génoise, fruits, crème anglaise et crème fouettée ! Servi dans des petits verres, c'est aussi un ravissement pour les yeux.

Pour 6 personnes

200 g de framboises

1 petite génoise

15 ml de xérès

250 g (1 pot) de confiture de framboises de bonne qualité

20 cl de crème fouettée

30 g d'amandes effilées grillées (facultatif)

Crème anglaise

20 cl de crème fraîche

3 jaunes d'œufs

20 g de sucre en poudre

1 grande c. à c. de Maïzena

2 gouttes d'extrait de vanille

12 petits verres

Préparez la crème anglaise.
Faites chauffer la crème fraîche dans une casserole jusqu'aux premiers signes d'ébullition.

Dans un bol, mélangez les jaunes d'œufs avec la Maïzena, le sucre et l'extrait de vanille. Fouettez jusqu'à obtenir un mélange onctueux et presque blanc. Ajoutez la crème fraîche chauffée progressivement, en remuant avec une cuillère en bois.

Mettez la préparation dans la casserole. Faites cuire à feu doux et remuez jusqu'à ce que le mélange devienne épais et adhère au dos de la cuillère en bois. Attention, ne portez pas à ébullition : la crème ne doit pas cailler. Versez la crème anglaise dans un bol et réservez.

Découpez la génoise en fines tranches ; tartinez-les de confiture de framboises. Coupez-les en petits morceaux et disposez-les dans le fond des verres.

Ajoutez 1 cuillère à café de xérès dans chaque verre et 2 ou 3 framboises sur le dessus. Versez la crème anglaise tiède sur les framboises et terminez avec la crème fouettée. Servez très frais.

Suggestion

Vous pouvez ajouter sur le trifle des amandes grillées et 1 framboise.

Pudding au pain brioché et au chocolat

Ce dessert au pain brioché et au beurre salé fait actuellement son grand retour en Grande-Bretagne. Cette version au chocolat du bread & butter pudding est particulièrement onctueuse : c'est un vrai régal !

Pour 6 personnes

6 grandes tranches de pain brioché coupées en 4 triangles

150 g de chocolat noir, de qualité supérieure

40 cl de crème fleurette

100 g de sucre

75 g de beurre salé

3 œufs

plat à gratin

Cassez le chocolat en morceaux, et placez-le dans un bol avec la crème, le sucre et le beurre, au bain-marie. Remuez avec une cuillère en bois jusqu'à l'obtention d'un mélange homogène. Retirez du feu et laissez refroidir.

Dans un autre bol, fouettez les œufs et versez-y le mélange précédent, tout en fouettant pour que la préparation soit onctueuse.

Beurrez un plat à gratin. Trempez les triangles de brioche, un par un, dans la préparation au chocolat et déposez-les dans le plat, en les faisant se chevaucher. Recouvrez d'une couche du reste de la préparation au chocolat. Le pain brioché doit être bien recouvert. Laissez refroidir complètement puis couvrez le plat de film alimentaire et placez au réfrigérateur pendant au moins 24 heures.

Préchauffez le four à 200 °C (th. 6/7).

Retirez le film alimentaire et enfournez 15 minutes. Le dessus du pudding doit devenir croustillant tandis que l'intérieur reste mou. Servez avec de la crème fraîche ou de la glace à la vanille.

Crumble aux pommes et aux mûres

Un grand classique qui rappelle la douceur de l'enfance et fait toujours plaisir aux petits comme aux grands. Cette recette peut être adaptée à tous les fruits mais la plus populaire reste celle du crumble aux pommes et aux mûres.

Pour 6 personnes

900 g de pommes boskoops

125 g de mûres

2 c. à s. de cassonade

10 g de beurre

Miettes

150 g de farine

100 g de beurre

50 g de sucre

plat à gratin
ou 6 petits ramequins

Préchauffez le four à 200 °C (th. 6/7).

Épluchez les pommes et coupez-les en lamelles.
Faites fondre 10 g de beurre et la cassonade dans une poêle et ajoutez les pommes. Mélangez délicatement jusqu'à ce que les pommes soient légèrement caramélisées.

Mettez les pommes dans un plat à gratin ou dans les ramequins et ajoutez les mûres. Réservez.

Préparez les miettes : mélangez le beurre et la farine en travaillant du bout des doigts pour obtenir des miettes.
Ajoutez le sucre en mélangeant délicatement pour garder la pâte en miettes.

Recouvrez les fruits d'une couche de miettes. La croûte doit être épaisse. Enfournez une trentaine de minutes (15 minutes si vous utilisez des ramequins), jusqu'à ce que le crumble soit doré.

Suggestion

Servez le crumble avec de la crème fraîche.

Le meilleur Christmas pudding

Ce grand classique de Noël se prépare bien 2 mois à l'avance afin que tous les goûts se marient – certains cuisiniers les conservent même d'une année sur l'autre. Cette recette est sans aucun doute la meilleure au monde !

Pour 6 personnes

250 g de raisins secs de Smyrne

200 g de raisins secs de Corinthe

75 g d'aiguillettes d'orange confite coupées en petits dés

75 g d'aiguillettes de citron confit coupées en petits dés

400 g de noix hachées

50 g de pommes hachées

50 g de carottes râpées

250 g de mie de pain

100 g de beurre

1 c. à s. de quatre-épices

Le jus de 1 orange

Le jus de 1 citron

25 cl de cognac

3 œufs

Beurre au cognac

200 g de beurre en pommade

100 g de sucre en poudre

7 c. à s. de cognac

moule profond de 15 cm de diamètre environ

Mélangez tous les ingrédients (raisins, aiguillettes d'orange et de citron, noix, pommes, carottes, et mie de pain) dans une terrine. Puis ajoutez les jus d'orange, de citron et le quatre-épices. Couvrez et réservez au frais pendant 24 heures, en mélangeant de temps en temps. Ajoutez le beurre, le cognac et, en dernier, les œufs légèrement fouettés.

Mettez la préparation dans le moule. Couvrez-la d'un rond de papier sulfurisé puis d'un carré de linge de 45 sur 45 cm. Ensuite, attachez le linge en faisant plusieurs tours du moule, à 1 cm de hauteur, avec de la ficelle de boucherie. Serrez bien et nouez les quatre extrémités du linge en faisant deux nœuds sur le dessus avec les pointes opposées. Faites cuire 6 heures au bain-marie.

Au moment de servir, faites réchauffer le pudding 3 heures au bain-marie. Démoulez-le dans un plat légèrement creux afin de pouvoir l'arroser de cognac et le flamber au dernier moment.

Préparez un beurre au cognac – ou au rhum selon votre goût. Battez le beurre et le sucre jusqu'à ce que le mélange soit bien crémeux. Puis ajoutez le cognac ; mélangez bien. Conservez au frais jusqu'au moment de servir.

Suggestion

Le pudding se conserve plusieurs mois sans problème. Décorez-le d'une petite branche de houx sur le dessus.

Sticky toffee pudding (pudding au caramel)

Un vrai péché mignon !

Pour 6 personnes

175 g de dattes dénoyautées et coupées en morceaux

175 ml d'eau bouillante

1/2 c. à c. d'extrait de vanille

2 c. à c. de café noir, bien fort

3/4 d'une c. à c. de bicarbonate de soude

75 g de beurre

150 g de cassonade

2 œufs légèrement battus

175 g de farine à gâteau

Crème fraîche

Sauce au caramel

175 g de cassonade

100 g de beurre

6 c. à s. de crème fleurette

6 moules individuels en métal

plat à gratin

papier sulfurisé

Préchauffez le four à 180 °C (th. 6).

Beurrez légèrement les moules et déposez au fond un rond de papier sulfurisé.

Mettez les dattes dans un saladier et versez-y l'eau bouillante. Ajoutez la vanille, le café et le bicarbonate de soude. Laissez mariner 10 minutes.

Dans un autre saladier, battez le beurre et la cassonade jusqu'à l'obtention d'un mélange clair et mousseux. Battez les œufs et ajoutez-les progressivement. Versez-y la farine tamisée en remuant légèrement avec une cuillère en métal. Ajoutez les dattes ainsi que leur marinade. Le mélange obtenu peut paraître un peu déroutant ! Répartissez-le dans les moules individuels et enfournez 25 minutes.

À leur sortie du four, laissez refroidir 5 minutes, puis démoulez avec précaution en utilisant une spatule. Mettez les petits puddings dans le plat. Préparez la sauce : mettez tous les ingrédients dans une casserole et chauffez à feu doux 10 minutes en remuant jusqu'à obtenir une sauce au caramel lisse.

Au moment de servir, versez la sauce au caramel sur les puddings et enfournez à 200 °C (th. 6/7) pendant 8 minutes. Servez avec de la crème fraîche.

Suggestion

Vous pouvez préparer à l'avance les puddings et les congeler.

Banoffi pie (tarte au caramel et à la banane)

Né en 1972, dans un restaurant de l'East Sussex, ce dessert a depuis été beaucoup copié, de la Russie aux États-Unis. Il paraît que c'est le dessert préféré de Mme Thatcher. En voici la version authentique, présentée en parts individuelles.

Pour 6 personnes

1 rouleau de pâte sablée (300 g)

300 g de confiture de lait de bonne qualité

2 grandes bananes

25 cl de crème fleurette à fouetter

1 c. à s. de sucre en poudre

6 carrés de chocolat noir

6 moules à tartelettes de 10 cm de diamètre

Préchauffez le four à 180 °C (th. 6).

Beurrez les moules et étalez des morceaux de pâte au fond. Piquez la pâte avec une fourchette et faites cuire à blanc (lestez le fond des moules de légumes secs ou de noyaux de cuisson sur du papier sulfurisé), pendant 10 minutes environ. N'éteignez pas votre four.

Enlevez le contenu et le papier des tartelettes et remettez-les au four 5 minutes. La pâte à tarte doit être croustillante et de couleur paille. Laissez refroidir avant de démouler délicatement les tartelettes ; mettez-les sur une grille.

Étalez une couche de confiture de lait de 1 cm dans les tartelettes.

Épluchez et coupez les bananes en rondelles et disposez-les sur la confiture de lait, en les faisant se chevaucher les unes sur les autres.

Fouettez la crème avec le sucre jusqu'à l'obtention d'un mélange onctueux et lisse. Recouvrez les desserts de crème fouettée et réservez au frais.

Au moment de servir, décorez avec du chocolat grossièrement râpé.

Dundee cake

Ce délicieux gâteau aux fruits secs vient de la ville de Dundee, en Écosse. Il est particulièrement savoureux servi avec une tasse de thé, et redonne des forces après une longue balade ; il peut être aussi servi à l'occasion d'un pique-nique.

Pour 6 personnes

175 g de beurre

175 g de sucre roux

3 gros œufs battus

225 g de farine

1 c. à c. de levure chimique

1 c. à c. de quatre-épices moulu

2 c. à s. de poudre d'amandes

175 g de raisins secs de Corinthe

175 g de raisins secs de Smyrne

50 g de cerises confites coupées en petits dés

50 g d'écorces confites de citron et d'orange coupées en petits dés

Les zestes finement râpés et les jus de 1 orange et de 1 citron

4 c. à s. de whisky

Quelques gouttes de lait (facultatif)

50 g d'amandes entières pelées, pour la garniture

moule à gâteau de 20 cm de diamètre

papier sulfurisé

Préchauffez le four à 170 °C (th. 5/6).

Beurrez et farinez le moule. Placez une feuille de papier sulfurisé dans le moule.

Dans un robot, battez le beurre et le sucre jusqu'à obtenir un mélange léger et crémeux. Battez les œufs à part, puis incorporez-les au mélange beurre/sucre. Mélangez bien à nouveau.

Tamisez la farine, la levure et le quatre-épices puis incorporez-les à la préparation. Ajoutez la poudre d'amandes, tous les fruits, les écorces, les zestes et les jus d'orange et de citron et le whisky. Si le mélange n'est pas assez onctueux, ajoutez quelques gouttes de lait.

Versez la préparation dans le moule. Décorez la surface avec les amandes entières.

Enfournez 2 heures. Si le gâteau devient trop doré au bout de 1 heure, recouvrez-le de 2 feuilles de papier sulfurisé pour continuer la cuisson. Vérifiez la cuisson avec la lame d'un couteau : elle doit ressortir propre. Si ce n'est pas le cas, laissez cuire 10 minutes supplémentaires en surveillant la cuisson. Sortez le gâteau du four, laissez-le refroidir 5 à 10 minutes, et démoulez.

Suggestion

Vous pouvez garder ce gâteau plusieurs semaines : il n'en sera que meilleur ! Gardez-le dans du papier sulfurisé, dans une boîte hermétique.

 • **20 mn de préparation • 30 mn de réfrigération • 30 mn de cuisson**

Scottish shortbread

Ces petits biscuits écossais sont délicieux pour accompagner une tasse de thé, un sorbet ou une mousse au chocolat.

Pour 18 biscuits

150 g de farine

100 g de beurre salé bien ramolli

50 g de sucre en poudre

Préchauffez le four à 160 °C (th. 5/6).

Mélangez les ingrédients dans un saladier avec une cuillère en bois afin d'obtenir un mélange sableux, puis déposez-le sur une surface farinée et formez une longue saucisse. Enveloppez-la dans du film alimentaire étirable et réservez au frais 30 minutes.

Coupez la pâte en rondelles d'environ 5 mm d'épaisseur. Placez-les sur la plaque du four. Enfournez 30 minutes. Les biscuits doivent prendre une couleur paille et non dorée. Saupoudrez de sucre et laissez refroidir.

Victoria sponge cake

Appelé « Victoria » comme la reine, ce gâteau léger est très facile à réaliser. Autrefois, il y avait toujours un Victoria sponge dans la cuisine à l'heure du thé. Ce gâteau est encore très populaire.

Pour 6 personnes

175 g de farine

2 c. à c. de levure chimique

3 gros œufs

175 g de beurre mou

175 g de sucre en poudre

1 c. à c. d'extrait de vanille

1 pot de confiture de framboises de qualité

Sucre glace pour servir

2 moules à manqué de 20 cm de diamètre

Préchauffez le four à 170 °C (th. 5/6).

Beurrez et couvrez le fond des moules d'un rond de papier sulfurisé.

Tamisez ensemble la farine et la levure dans un grand saladier. Ajoutez tous les autres ingrédients (œufs, beurre, sucre et extrait de vanille) et fouettez au batteur électrique pendant 1 minute pour obtenir un mélange lisse et crémeux.

Répartissez le mélange équitablement dans les 2 moules et enfournez 30 minutes environ, à mi-hauteur. N'ouvrez surtout pas la porte du four pendant ces 30 minutes !

Vérifiez la cuisson des gâteaux : le dessus doit être moelleux sous le doigt. Attendez quelques secondes pour les démouler sur une grille, en retirant le papier sulfurisé.

Garnissez avec de la confiture de framboises. Saupoudrez avec du sucre glace passé au tamis et servez.

Suggestion

Ajoutez de la crème fouettée avec la confiture pour vous régaler.

Scones

Prendre une tasse de thé dans un salon de thé charmant est une tradition tout à fait britannique. L'ouest de l'Angleterre a raffiné cette tradition avec le « cream tea ». Un thé, des scones tièdes nappés de crème fraîche épaisse et de confiture à la fraise…

Pour 18 pièces

450 g de farine

4 c. à c. de levure chimique

50 g de beurre

50 g de sucre

1 pincée de sel

2 œufs

20 cl de lait frais entier

papier sulfurisé

Préchauffez le four à 220 °C (th. 7/8).

Tamisez la farine et la levure dans un grand bol. Ajoutez le beurre en petits morceaux et travaillez-le du bout des doigts afin d'obtenir un mélange en miettes. Ajoutez le sucre et le sel.

Battez les œufs délicatement avec le lait. Incorporez-les dans le mélange en miettes à l'aide d'un couteau, en faisant des mouvements larges, jusqu'à obtenir une pâte assez ferme mais pas trop liquide.

Étalez la pâte sur une surface farinée en formant une couche de 3 à 4 cm d'épaisseur. Découpez des petits ronds de 5 cm de diamètre, à l'aide d'un emporte-pièce.

Placez les ronds sur la plaque du four, sur du papier sulfurisé. Saupoudrez de farine et enfournez 10 à 15 minutes.

Laissez refroidir quelques minutes les scones sur une grille. Servez-les tièdes avec de la crème fraîche et de la confiture.

Marmelade d'oranges

Pour 5 kg
de marmelade

1,5 kg d'oranges amères

2 kg de sucre

3,5 l d'eau

Le jus de 2 citrons

quelques pots lavés et séchés au four à basse température

Lavez les oranges. Coupez-les en 2 et pressez-en le jus. Prélevez le zeste. Retirez la peau blanche, les pépins et placez le tout dans une toile de mousseline. Versez le jus dans une casserole avec le zeste, l'eau et la toile de mousseline. Portez à ébullition et laissez cuire 2 heures à feu très doux, jusqu'à ce que l'écorce des oranges soit très tendre. Laissez refroidir une nuit.

Le lendemain, ôtez la toile de mousseline après l'avoir pressée. Mixez le mélange en plusieurs fois, quelques secondes, jusqu'à ce que l'écorce soit réduite en petits morceaux irréguliers. Remettez-le dans la casserole avec le sucre, et ramenez très lentement à ébullition. Laissez bouillir 15 à 20 minutes. La marmelade est prête quand, lorsque vous prélevez un peu de confit d'oranges et le déposez dans une soucoupe, une couche se forme au bout de 1 à 2 minutes. Enlevez l'écume blanche de temps en temps. Versez la marmelade dans les pots et attendez qu'elle soit complètement refroidie avant de les fermer.

Suggestion

En fin de cuisson, vous pouvez ajouter un petit verre de whisky.

Lemon curd (confiture de citrons)

Pour environ 1 kg

100 g de beurre

300 g de sucre en poudre

Le zeste finement râpé et le jus de 3 gros citrons

4 œufs légèrement battus

Mettez le beurre, le sucre, le jus et le zeste des citrons dans une casserole au bain-marie. Remuez avec une cuillère en bois pour dissoudre le sucre. Faites passer les œufs dans un tamis et ajoutez-les au mélange. Chauffez doucement, en remuant constamment (15 minutes environ) jusqu'à ce que le mélange épaississe. Versez encore chaud dans des pots, secs et chambrés. Scellez-les et mettez-les au frais. Mangez la confiture dans un délai maximum de 15 jours. Délicieuse tartinée sur du pain frais, elle peut être utilisée pour fourrer une tarte au citron.

Pour Heather et Camilla

Une partie des droits d'auteur de cet ouvrage sera reversée à la recherche contre le cancer du sein aux instituts suivants : Breakthrough Breast Cancer en Grande-Bretagne et Institut Curie en France.

Les auteurs remercient Brigitte Husson, James Viaene et toute son équipe, Gwen Hamilton,
John, Sarah, Lucy et Emilie,
Stephen, George, Mim et Elizabeth.

Shopping :
Wedgewood
Galeries Lafayette Maison
Sia (3-5, boulevard Malesherbes, Paris)

Photographies : Akiko Ida
Stylisme : John Bentham
Merci à Sophie Giavelli pour son aide précieuse.

ISBN : 2-50104249-2
Dépôt légal : n° 46395-06/2004
4092433/01
Achevé d'imprimer en France par Pollina - n° L93628